Lo cortés y lo valiente

Poesía

Por Julio Torres-Recinos

Lo cortés y lo valiente

Copyright © 2023 Jade Publishing

No part of this publication may be stored in a retrieval system, transmitted or reproduced in any way, including but not limited to photocopy, photograph, magnetic, laser or other type of record without prior agreement and written permission of the publisher.

Cover photo and design: Hector Rendon.

First published in 2023 by
Jade Publishing
UNITED STATES OF AMERICA
P.O. Box 93341
Lubbock, TX. 79493

www.jadepublishing.org

ISBN-13: 978-1-949299-32-8
ISBN-10: 1-949299-32-8

Printed in the United States of America

Lo cortés y lo valiente

Poesía

UN LIRIO

Atrapado en la tierra dura,
congelada, apretada;
dormidas sus raíces
y paralizado su ser;
profundo era su sueño forzado,
dormía con un ojo abierto
esperando, sintiendo, oyendo
cuándo vendría un rayo de sol,
viendo cuándo se acercarían
los primeros calores de abril.
Larga espera,
espera de paciencia,
espera calculada
e inteligente
que le ha permitido
mantenerse vivo
y regresar puntual
como cada año.
De repente ha aparecido
orgulloso, mostrando
sus hojas abiertas al sol,
hojas como brazos abiertos.
Pronto también mostrará
sus colores, sus bellas flores
erguidas como copas,

frágiles al viento,
frágiles a la lluvia,
frágiles al polvo,
frágiles al ruido,
frágiles al tiempo.

EXPLICANDO, ENTENDIENDO

Uno trata de explicar cosas
como el origen de la lluvia
o el origen del origen,
como la paciencia de las olas,
el misterio de las nubes,
el misterio de los insectos
y la sabiduría de los pájaros
porque los pájaros son sabios
como sabios son los gatos
los ríos y los árboles.
Uno trata de entender,
porque a eso vinimos,
a entender y a entendernos,
si se puede, se entiende.
A entender la historia,
a entender y a descifrarla
para ver si tiene sentido
este presente
que nos engulle,
que nos aturde
porque este tiempo
que hemos ido improvisando
no nos deja pensar,
nos agarró mal parados
e intentamos no caer,

intentamos no marearnos,
seguir asidos
como uno se agarra cuando
se viaja en un bus
que ya va lleno y hay que ir de pie,
prendidos de algún lugar
para no caernos.
Pero este presente se puede explicar,
es arisco pero se le puede sujetar,
se le puede agarrar de la cola
dominarlo prensarlo
mantenerlo con la cabeza baja
para que recapacite
para que no sea arrebatado
para piense bien las cosas…
para que piense, piense.

PRIMAVERA EN SASKATCHEWAN

Han sido tres días de lluvia
que la tierra seca ha recibido con júbilo,
que las plantas han esperado tanto;
los días de sol estuvieron bien por un tiempo
pero los árboles necesitaban el agua;
tres días van en que casi no sale el sol,
días nublados, días húmedos, fríos,
de silencio, días de estar encerrados,
buscando qué se necesita hacer dentro de la casa.
Algo que se aprende al vivir
en estas tierras
es que hay que saber tomar
los días como vengan
y saber cambiar de actividades
de acuerdo a cómo se presenten los días
porque el tiempo puede variar
de un día a otro sin mayor aviso
y te deja con los planes hechos.
La gente de estos lados
ha aprendido a vivir con el clima,
sea en invierno o en primavera,
que aunque ésta tiene una buena imagen
debido a una autopromoción de siglos,
muchas veces también trae sorpresas;

la gente ha aprendido a disfrutar las estaciones,
a vivir con sus ritmos, con sus cambios,
con su carácter lunático,
ha aprendido a no amargarse
a no tomarse a pecho
lo que no se puede cambiar.

LAS MONTAÑAS DE MI PAÍS

¿De qué color son las montañas de mi país,
ésas que se ven a lo lejos, muy a lo lejos?
¿Son grises, azules o tienen el color
de las preguntas y las exclamaciones?
Las montañas, los cerros y los volcanes
permanecen tranquilos y serios,
contemplando desde sus pedestales;
regañan a sus hijos, conversan
con las nubes, los ríos y los árboles,
les enseñan su color, plateado a veces,
a veces plomizo, a veces del color
de la lluvia, del color del humo y de las nubes.
A lo lejos las montañas y los cerros
son un color muy débil,
una línea muy frágil
que a veces dudo que exista,
que la tarde ha trazado
en la distancia
y que parece que va a desaparecer,
que se va a confundir con el cielo,
a perder en el cielo y el aire.

BOTÍN Y PILLAJE

A más de cien años de esa
Primera Guerra Mundial,
guerra de nombre altisonante
como si se hubiese tratado
de un evento que marcaría
positivamente a la humanidad
como el invento de la rueda
o la generosidad
y del que habría que estar orgullosos,
¿quién se acuerda de la causa
de ese conflicto?
¿Hubo en realidad una razón válida
para tanta muerte, para tanto odio,
para que las bombas y los disparos
asustaran a los pájaros y a los conejos
que habitaban en la bella, bucólica y civilizada Europa
y los hicieran salir volados de los arbustos?
Tal vez sería sólo la matonería
de algún caudillo,
tal vez sería que un país
deseaba un territorio,
una isla en la cual veranear,
pero ya en lo propio,
sin el problema de aduanas
visas y pasaportes
y el pago de alquiler;

tal vez sería
que a alguien se le ocurrió
averiguar quién era el más fuerte
(y salir de dudas de una vez),
qué arma de las recientemente inventadas
aniquilaba más rápido y con más eficacia,
quién podía echar más botín
en el camión después de que arrasaran con los pueblos,
porque la guerra siempre ha sido eso,
botín y pillaje,
pero disfrazados de orgullo patrio,
de dignidad nacional ofendida,
de pureza de sangre que hay que mantener.
De esa guerra, máscara del mal,
heredamos la variedad de armas
que ahora nos acompañan:
rifles semiautomáticos
y automáticos, pistolas
livianas y de manejo fácil
que se ven por todos lados,
que se ven anunciadas en oferta en los periódicos,
para que un loco o un acomplejado
se sienta valiente
y reclame para su ego –en vida o ya muerto–
sus cinco minutos en las noticias;
eso heredamos, las armas,
pero no heredamos la convicción
de que la humanidad es una solamente,
de que todos somos un mismo pueblo
de puros o mezclados y de todos los colores.

ESCAPARSE

Praga o Roma,
mi pueblo o el tuyo,
vamos a uno o al otro
hoy, ya, vámonos ya;

Lima o Santiago,
la luna o Júpiter,
el Gobi o el Sahara,
qué más da;

París o Londres,
Sidney o Bogotá,
me da igual,
igual me da;

Lisboa o Bucarest,
da lo mismo,
se trata de irse,
de escaparse
en un caballo atómico
o psicodélico
por las praderas,
en un cohete espacial
sólo con lo necesario
para estar en otros mundos
y dejar todo atrás, atrás, atrás.

NUBES NEGRAS

El cielo se cubrió
de nubes negras,
negras y desordenadas
en una insurrección
contra los últimos vestigios
de la tarde; las nubes y el viento
hacen temblar todo,
los árboles negros
los árboles fuertes
los pájaros en sus nidos.
Es una tarde de mediados de agosto
en el norte, donde ya se avecina el invierno,
cuando sólo queda de la tarde allá, a lo lejos,
la claridad de un cielo rojizo
que se resiste a sucumbir ante la noche,
una claridad hecha de plata líquida,
de luz transparente.
He salido a caminar con nubes negras
en el cielo y en la cabeza,
esperando que los pasos
entre el viento y las gotas que ya caen
esclarezcan el cielo,
esperando que a fuerza de caminar,
de sudar a pesar del frío,
de alguna manera
el camino y las sombras
sean menos agobiantes.

CUANDO ANOCHECE

Cuando anochece, cuando ya el sol se ha ido,
cuando ya no se oyen los pájaros,
cuando ya las lámparas de la ciudad se activan
y dejan ver sus bellos colores artificiales,
cuando apenas se sabe si es de día,
cuando los árboles se mecen y se escuchan sus voces,
cuando creemos que algo sale de entre las sombras,
que algo se mueve en las ramas o detrás de un tronco,
que alguien nos espía desde algún rincón,
que alguien está viendo cada paso que damos,
que alguien escucha lo que les decimos al aire,
a los arbustos y a los asientos de los parques;
cuando las calles van quedando deshabitadas,
contentas de tener un poco de tiempo para sí mismas
porque ya los niños se preparan para acostarse,
para abrazar la almohada y soñar sus sueños,
cuando ya el día tira la toalla, resignado,
cuando ya nosotros sabemos que no vamos a terminar
lo que teníamos que hacer hoy, que el libro que leíamos
se quedará marcado para seguirlo otro día,
cuando nos damos cuenta de que tenemos que irnos encogiendo,
que tenemos que descansar, dejar de dar vueltas, de preocuparnos,
de hacer cosas, de arreglar cosas, de llamar, de hablar con amigos,
de preocuparnos por la familia, por componer el mundo;
cuando la noche comienza a dar señales de sueño,

cuando le dice al sol que ya no quiere nada con él,
recuerdo entonces atardeceres lejanos de la niñez que también daban
la bienvenida a las noches oscuras en que caminaba
cerca del río, cerca de los árboles grandes
que se reían cuando me trataban de asustar
con un ruido, con una sombra, con un pájaro que salía sin avisar,
cuando tenía que caminar rápido, a veces correr,
tratando de alejarme de lugares demasiado oscuros,
tratando de llegar a donde hubiera gente y luz,
eso sí, dando a entender que todo estaba bien,
que no tenía nada de miedo, que era todo un valiente,
que me había venido despacio, tranquilo, relajado,
tomándome todo el tiempo, disfrutando la noche
y sus encantos, su música, su secreto,
el aire fresco, los insectos y los pájaros.

SENTADA ALLÍ

Te has quedado sentada en aquel banco
y así te encuentro por las mañanas
y por las tardes en que paso por allí,
en que sigo pasando por allí.
Te quedaste sentada para siempre en ese lugar,
y allí te veo a medida que pasan los años,
pensativa, revisando algún cuaderno,
leyendo un libro,
viendo a través de los cristales
los árboles amarillos del otoño.
Paso por allí y espero
que levantes la mirada
y me veas
y que seas la misma
de antes, la misma de ayer,
la que me invitaba
a que fuéramos a tomar un café,
o a caminar por los verdes parques
o por las riberas del ancho río.
Quiero que algún día
me digas cómo haces
para permanecer así,
sin cambiar, con tu rostro sereno
y con el pelo siempre arreglado,
con esa fe en el futuro,
en un futuro que crees firme,
tuyo y firme como tu mirada.

MUERTE TEMPRANA E INJUSTA

La pobreza es muerte temprana e injusta.
Gustavo Gutiérrez

Que no nos consultan
cuándo tenemos que partir
de este mundo cruel y traidor,
que eso es totalmente injusto
y hasta autoritario,
que no tenemos que ver
nada en la decisión
de morir
es lo que se oye,
haciendo hincapié
en la injusticia
y la arbitrariedad
de la muerte,
esa señora tan respetada.
Lo mismo se podría decir
de la suerte ¿suerte?
de haber nacido
en la pobreza,
de vivir en la pobreza,
de sólo poder ver en la tele
cómo vive la gente
que nació en mejores pañales,
en mejores países,
con sus casas grandes,

con sus trabajos dignos,
con sus carreras y profesiones,
con sus vestidos elegantes,
con sus sonrisas caras,
con sus automóviles nuevos,
mientras el pobre
apenas vive
apenas come
apenas se educa
apenas tiene medicinas,
apenas puede ir
a un hospital,
apenas tiene agua,
apenas tiene trabajo,
apenas tiene confianza,
apenas tiene esperanza.

Si alguien es condenado
a vivir en la pobreza
su potencial de lograr algo
de ser algo en la vida
se reduce muchísimo
se reducen sus sueños
se reducen sus años
y esa persona ve cómo la vida pasa
sin poder hacer mayor cosa
sin tener mayor cosa
teniendo siempre menor cosa
muchas veces no teniendo
ni lo básico siquiera.

¿Y los de arriba?
-Bien, gracias.

No quieren saber nada
de los pobres,
se encogen los hombros
mientras se sirven otro wiski
y se van a la piscina.

Ayer leí
que el multimillonario
mexicano más rico
tiene un ingreso
igual que el de los diecisiete
millones de mexicanos más pobres.

Así no se puede surgir
Así no se puede seguir
así no se puede vivir
así no se puede luchar,
así la gente se desespera
la gente se desespera.

EL VIRUS NO LO TRAJERON LAS NUBES

El virus no lo trajeron los pájaros.
El virus no lo trajeron los mares
ni sus olas ni sus corrientes.
El virus no lo trajeron los vientos
que cruzan montañas y océanos.
El virus no lo trajeron las nubes
que jugando se desplazan ocultando el sol.
El virus no lo trajeron los relámpagos
que con su oro nos deslumbran.
El virus no lo trajeron los ríos,
ni la luna, ni los rayos, ni las estrellas.
El virus viajó en avión, en barco,
en coche y sin muchas maletas,
sólo venía con la intención de incomodar,
de hacernos ver que somos en verdad pequeños,
de hacernos ver que no somos tan grandes
e importantes como creemos,
de hacernos ver que algo tan minúsculo
que no es ni siquiera un ser viviente
puede paralizarnos, pararnos en seco,
de hacernos ver que hay mucho por hacer,
venía sólo con la intención de atemorizar,
de causar dolor, ansiedad y desesperación.

LA VOZ DE LA LUNA

¿Cuánto tiempo llevas
allá, arriba, alerta y distante,
yendo de un extremo
al otro del cielo,
cuidando la noche,
las ciudades, los mares,
los desiertos y los valles?
Cuidas no sólo los sueños
sino las cosechas
los nacimientos
el viento y las mareas,
las nubes y las lluvias,
los lagos y los ríos;
cuidas la vida
hasta cuando es de día,
cuando en la tarde sales
sin que el sol se haya ocultado,
estás allí, lista para hacer ver
tu presencia, grande, serena,
lista para que tu voz se oiga
entre los árboles, en los cerros
y pueblos, para que se oiga
cuando calma dolores,
cuando pide paciencia.
Compañera fiel

de este mundo
que tratamos tan mal,
de este planeta nuestro
que cada día va peor,
sigues allí, arriba,
con tu rostro grande,
con tu paso seguro,
con tu camino seguro,
con tu abrazo seguro.

EL GATO REPOSA

El gato descansa,
agotado de no hacer nada
reposa debajo de la mesa
que lo protege del sol;
descansa porque debe agotar
mantener la cabeza erguida
para no tratar de no dormirse durante el día,
aunque al final se da por vencido
y baja los ojos y la cabeza
en cámara lenta
para reaccionar después,
avergonzado,
porque debe agotar tratar
de mantener abiertos los ojos,
porque debe agotar mirar fijamente
quién sabe a dónde,
reflexionar por largo tiempo
en quién sabe qué cuestión metafísica
a la que en tantos siglos ningún gato,
de los tantos sabios que ha habido,
ha podido encontrarle solución.
El gato descansa, serio, muy serio,
no quiere que lo molesten,
que lo perturben con asuntos mundanos,
que lo saquen de su profunda meditación.

NO HABRÁ MUERTE

No habrá muerte mañana,
no habrá mañana muerte,
(debo aclarar) que sea forzada,
que sea cobarde, que sea a traición
que no sea natural, única aceptada,
si no queda más, si ha de ser,
porque sólo de muerte natural
se debe morir, sólo de viejo,
sólo de muerte natural,
eso quiere decir cuando uno quiera,
cuando uno esté harto de vivir,
cuando ya la vida sea como una picazón,
una roncha, una ampolla, una herida, una cruda,
cuando uno sí esté listo, cuando ya no quede
nada por hacer en la larga lista de deseos
que con paciencia y tiempo hayamos ido preparando,
cuando ya hayamos ido a todos los países,
cuando ya hayamos visitado a todos los amigos,
cuando ya hayamos comido todas las comidas,
cuando ya hayamos ido a todos los museos,
cuando ya hayamos leído todos los libros
todas las veces que queramos y otra vez,
cuando ya nos hayamos despedido de todos
los parientes y amigos, sólo entonces,
después de respirar muy profundo,

después de pensarlo una y otra vez,
con detenimiento y con la cabeza fría
para no arrepentirnos después se vale morir.

DÍAS SIN LLUVIA

Han sido varios días de mucho sol,
demasiado sol; días secos
de hierba seca y tierra agrietada.
Las plantas ven preocupadas cada día que pasa
sin llover, sin una gota de agua que las consuele.

El verano suele ser cruel algunas veces.
El cielo se deja ver extenso, limpio,
orgulloso en todo su azul. Los árboles
se entremecen por el viento. Se alegran.
Las plantas escuchan el viento. De repente
el viento arremete con nuevas fuerzas.
Las flores y las plantas se llenan de esperanza,
sobre todo cuando ven que se han formado
muchas nubes negras y violentas.
Es el tercer día de lo mismo, piensan las plantas,
se anuncia la lluvia y no pasa nada.
Las plantas se secan. Se apagan en el día por tanto calor.
Mueren un poco y esperan con ansias el agua
que les aplaque la tierra que las quema.
Necesitan un agua que no llega.
Ellas no viven del viento que fuerte escuchan
ni de promesas de lluvia
que se quedan en gestos huecos.

RECUERDOS

¿Cómo se van grabando en nuestra mente
las imágenes que mucho después, años más tarde,
nos vendrán a asaltar cada noche, a cada hora,
y sin pensarlo, sin que haya motivo aparente,
vendrán a molestarnos, a sacarnos
de algún pensamiento, a llevarnos a aquellos años,
a aquellos días, a aquellos ríos, a aquellos puentes?

¿Qué determina que un sendero, una esquina, un cantil,
una calle que en los días en que por allí pasábamos
no significaban mayor cosa ahora nos lleguen a la memoria
cuando no se espera, vengan a tener importancia,
y queramos volver a aquel lugar, a estar allá,
tal vez creyendo que allá encontraremos algo,
aunque ya estando en aquel lugar anhelado,
ya habiendo vuelto al lugar querido
de la memoria traicionera
tal vez hasta quedemos desilusionados
y no nos expliquemos por qué nos parecía especial?

¿Por qué se nos fija en la memoria
una frase que alguien querido dijo,
un comentario zonzo de alguien,
unas palabras dichas tal vez sin querer,
una observación que alguien hizo

y que después nos hacen pensar,
tal vez reflexionar, volver a ese momento?
Tal vez ni siquiera se trate de volver allá
en muchos casos,
tal vez nunca podamos explicar
la presencia inesperada de esos lugares
en la memoria, de esos días,
de esos cerros, de esos rostros,
de esas sombras, de esos ecos,
de esos caminos, esas casas,
esas tardes de caminar solos
por caminos solos, solos en el camino.

PALABRAS, PALABRAS

Barajo las palabras
en una tediosa tarea
que toma tiempo,
porque hay que calentar
las palabras, hay que afilarlas;
las palpo, gorditas, las tiro
para arriba y si aguantan
la caída, las dejo;
pongo aparte las buenas,
las que pienso usar más tarde;
pongo aparte las rosadas,
las grandes, las que prometen;
descarto las que no huelen a río,
las que no van a aguantar el vuelo,
las que se quejan por todo,
las que no logran acomodarse,
las que no soportan mucho sol,
las que se molestan por nada,
las muy pudorosas,
las petulantes,
las que no quieren abordar
ciertos temas,
las que se tullen con el agua,
las que no captan una ironía,

las demasiado serias,
las que no celebran mis bromas,
las que no ríen nunca y tienen cara
de pocos amigos,
las que no entienden de humor.

TÍMIDAMENTE ABUELO

A Blas Torres Monge, in memoriam

Le quedaba incómodo
el traje de abuelo y ejercía muy poco
ya que el título de abuelo
se quedó colgado en la sala,
colgado sólo para que lo vieran;
tal vez no lograba encajar en el papel
que se esperaba que desempeñara:
jugar con los nietos, cargarlos,
ayudarles a montar a caballo,
darles consejos, enseñarles a caminar.
No tenía tiempo para esas cosas,
él, tan fuerte y ocupado,
tan autoritario y de voz que intimidaba
tenía ocupaciones más serias:
que lo dejaran dormir,
comer, leer el diario,
que nadie lo molestara,
que se aseguraran que no le diera el sol,
que la comida estuviera lista
a la hora indicada.
El abuelo, tan serio con nosotros
y tan ocurrente y risueño

con los amigos y parientes,
quien de vez en cuando
sí se dignaba en hacer una broma
a los nietos, una broma que, aunque
un poco pesada a veces, era broma
y una manera tímida de ser abuelo,
de bajarse de su caballo pedestal para ser cariñoso
a la fuerza, como temiendo que lo vieran,
como temiendo que descubrieran que detrás
del semblante serio y la voz ronca
había alguien con sentido de humor,
alguien que reconocía en los nietos
su propia sangre y la de sus hijos,
su orgullo, aunque no lo dijera.

TORONTO

Tú me dejaste
o yo me quedé atrás;
pasaron los años
y no me di cuenta
de cómo fuiste creciendo,
de cómo te fueron cambiando.
Hace treinta años
eras un pueblón
que no se animaba a despegar,
que con pudor mostraba
un nuevo edificio,
un nuevo barrio,
como sin querer la cosa.
Ahora ya no te importa,
que digan lo que quieran,
resuelta, sin modestia
ni humildad enseñas
los edificios que
como zacate salen,
las carreteras que
cruzan el aire,
las gentes que
salen a llenar las calles,
los bares, los cafés,
los centros comerciales.

Creciste y yo me quedé atrás.
Porque orgullosa te fuiste
del brazo del progreso,
del dinero rápido
que insiste en hacer más dinero,
de lo atractivo de lo nuevo,
de los rótulos brillantes,
de los edificios de cristales
que atentan contra los pájaros,
del ruido, de la velocidad,
de los espejos, de la moda.

INSTANTE

Una alegría
que fue eso,
nada más;
un presentimiento,
un sueño
que nadie soñó;
un pájaro
que no pasó,
que nadie
imaginó,
que nadie
dibujó;
un río
que no nació,
que tuvo
que desaparecer
entre grietas
de rocas,
entre raíces
de árboles
que altos
miran al sol.

¿Cuánto dura
un instante
que no vive,
un segundo
de un tiempo
que no hubo
una chispa
de un tiempo
que nunca
comenzó?

PANDEMIA I

De ésta vamos a salir,
que no quepa duda,
porque, como dice el dicho,
mala hierba nunca muere.
Porque somos malos,
tal vez no todos,
tal vez alguien se salve,
pero como colectivo humano
somos malos,
hemos sido malos
por mucho tiempo
por muchos siglos
y esto se muestra ahora
en que los que más sufren,
los que más van a sufrir con esta crisis
son los débiles, los viejos,
los que ya no valen
o nunca valieron,
la gente que no tiene casa,
la gente que no tiene empleo,
la gente que tiene empleos
precarios, empleos sin corona,
empleos que en realidad nadie quiere;
los pobres, los desprotegidos,
los despojados,

los que apenas van sacando
para medio comer ese día,
los que apenas ganan
para pagar el alquiler,
los que no pueden ir al súpermercado
porque no tienen dinero,
¿cuántos niños se van a quedar
sin comer, se van a acostar con hambre?
¿cuánta gente no va a tener trabajo
cuando todo esto pase?
¿cuánta gente va a poder soportar el miedo
la soledad y la angustia de estar encerrada?
¿cuánta gente va a poder soportar el hacinamiento,
el estar compartiendo un espacio miserable con mucha gente?
¿Cuánta gente ha muerto
innecesariamente,
ha sufrido innecesariamente,
ha pasado hambre innecesariamente?
Vamos a salir de ésta, no hay duda.
Pero nadie quiere imaginar cómo va a quedar
el mundo después del naufragio,
después del huracán, después de la catástrofe.

CONFINAMIENTO

He limpiado la casa
como nunca lo he hecho;
ha quedado limpia, pulcra
al punto de que nadie le puede
encontrar nada que criticarle a mi trabajo,
y me pongo a limpiarla
otra vez, a inventar suciedad
donde no la hay,
a ver dónde quedó una
partícula de polvo
que busco con un microscopio
que invento porque no tengo
ni sé usar porque no he tenido que saber usar.
Después de que termine la tarea
de limpiar toda la casa
por dentro y por fuera
por abajo y por arriba
y de que quede impecable
la volveré a limpiar
por fuera y por dentro
por arriba y por abajo
al derecho y al revés,
a lavar por atrás
y por enfrente
porque es lo lógico en estos días.

Luego hornearé mi pan favorito,
el que me hace recordar mi pueblo
y la señora que pasaba vendiéndolo,
receta que ya he perfeccionado muchas veces
pero que insisto en seguir perfeccionando,
hasta que el pan consigue el mejor sabor,
hasta que consigue el mejor olor,
hasta que consigue la mejor textura;
entonces, cuando ya no se puede mejorar nada,
cuando ya es imposible más perfección,
cuando ya todo ha quedado en su punto ideal,
vuelvo a mejorar la receta, a empujar los límites de la harina,
los límites de todos los ingredientes, de todos los colores,
de todos los sabores y olores, hasta que algo falla,
la levadura falla, el pan se quedó demasiado tiempo en el horno,
tal vez le puse demasiados huevos o mantequilla
y el pan no sirve, se arruina, no se puede comer,
y comienzo entonces otra vez el proceso
a ver si esta vez sale bien.

PERDIDO

¿Cuántas son las ciudades
en que he andado perdido,
muchas veces a propósito,
porque yo he querido hacerlo
para ver qué encontraba
fuera de los manuales
de turismo,
y la mayoría de veces
por su culpa,
porque se les ocurrió a ellas
jugarme una mala pasada,
porque se les ocurrió
no incluir una calle,
un nombre, una avenida?
Así, esas ciudades
me han llevado
muchas veces
a recorrer el mismo
camino dos veces
cuando ya había anochecido,
cuando ya estaba cansado,
y yo sólo quería
regresar a mi hotel
o encontrar el lugar
que buscaba.

La ciudad, eso sí,
se aprecia de manera diferente
cuando se está perdido,
cuando ya no te interesa nada
sino encontrar en camino,
entonces la ciudad te muestra
otro rincón que no habías visto,
te enseña otra esquina,
otro parque, otra vista
para una posible foto
que no te interesa tomar.
Después de andar perdido
por la noche en una ciudad
extraña, de andar perdido
horas y horas, caminando,
tratando de encontrar
el camino de regreso
sin poder encontrarlo,
cuando finalmente
logras salir del laberinto
en que la ciudad te puso,
te quedas pensando
si sería posible dibujar
el mapa por dónde anduviste,
pero un mapa que ilustre también
el cansancio, los temores,
la noche iluminada
por las luces de los postes,
las gentes amables
que te ayudaron a llegar
al lugar que buscabas;

si sería posible recordar
por dónde estuviste
para poder volver a visitar
esos lugares durante el día
aunque ya con la certeza de
haber estado antes allí,
de que ya conoces esas áreas
de la ciudad y que nada
te sorprenderá.

LOS DÍAS QUE VENDRÁN

Vienen días grises,
días de salir corriendo
a esconderse debajo de las piedras,
de árboles que mueren
de desesperación,
que se estremecen
de desesperación,
de pájaros que se escapan
pero que mueren estrellados
en los cristales de las ventanas
o en los motores de los aviones.
Vienen días grises,
días de humedad,
días en que ni el gato
se atreve a salir,
en que ni las olas
se atreven a visitar la playa,
en que las sabandijas
se quedan escondidas;
serán días de tardes serias,
días de vientos serios,
días en que la noche se vendrá antes
y la luna se resistirá a aparecer,
se resistirá de una vez
y rotundamente
a ser testigo y cómplice.

LUNA DE SATURNO

Se ha confirmado que puede haber vida
en Encélado, una luna de Saturno,
de Saturno adornado y lejano,
el pavo real de los planetas,
una luna que cuenta con inmensos océanos
que duermen o que hierven
bajo su gruesa capa de hielo;
ha sido el anuncio científico del mes,
al punto que un periodista que sabe
del asunto sonreía feliz
cuando le preguntaban al respecto,
alegre del triunfo,
olvidándose de que sólo se ha dicho
que *puede* haber vida allá, no que la hay.
Que es posible que Encélado albergue vida,
aunque sea microscópica,
es muy positivo porque al menos
hará que la soledad de nuestra especie
sea menos apabullante
y nos da esperanzas:
no está mal saber que allá,
lejos, puede haber seres que comienzan
el arduo camino que en la Tierra
ha durado tanto, tanto.
Hay otros descubrimientos
en Medicina, por ejemplo,

donde se habla de encontrar
cura a algunos tipos de cáncer,
o en el campo de la Física,
cuando nos enteramos
de que en un laboratorio
han podido teletransportar
minúsculas partículas
de materia a un lugar distante.
La humanidad avanza,
lentamente avanza,
pero necesita tiempo,
tiempo para desarrollar
conocimientos e ideas,
tiempo para ser creativos,
tiempo que tenemos que darnos
para que la vida siga
en este planeta nuestro,
tiempo para que bajen las tensiones,
tiempo para pensar
antes de ordenar
que se desate una guerra,
antes de disparar
antes de comenzar
una guerra que nadie
va a poder parar
ni ganar.
Los líderes ahora
muestran sus armas,
se jactan de tener
la pistola más grande,

el cañón más grande,
pero no vivimos
dentro de una película
de ciencia ficción,
tampoco estamos
en una escuela
donde el más fuerte
le saca la mugre
al más débil,
esto es mucho más serio
y complicado
y es mejor actuar
con la cabeza fría
por lo menos por unos
dos mil años más
hasta que hayamos
encontrado otro planeta
donde mudarnos,
para ir allá
a destruirlo.

PESTE

¿Cómo va a ser el mundo
después de que termine la peste?
¿Cómo va ser el mundo
cuando esta vorágine pase?
Los más optimistas dicen
que después va a venir
un renacimiento,
un nuevo orden mundial
que corrija todos los errores,
una nueva edad para el ser humano,
un mundo inventado a la medida
de los ideales más altruistas,
un mundo en el que se haga
todo de manera más económica,
de manera más eficiente,
de manera más justa,
más equitativa,
más democrática,
más ética, moral
y responsable con todo y todos.
Buena suerte, o como se dice,
sigan durmiendo de ese lado
y cuidado se caen de la cama.
Pero ya sabemos que pestes
ha habido siempre,
desde la Antigüedad,

pasando por la Edad Media,
hasta nuestros días;
Rabelais, por ejemplo,
nos habla en su novela
de los peligros de contagio y muerte de
la peste que azotó Europa allá por 1530.
Después de cada peste
la gente repasa las lecciones aprendidas
y hace una promesa de enmienda,
promete que todo va a ser diferente,
que están arrepentidos,
que van a rezar, orar
y portarse bien de allí en adelante;
nada pasa, nada se hace, o muy poco,
y pronto se vuelve a lo mismo;
la humanidad tiene una memoria
muy limitada, se dicen muchas cosas,
se prometen muchas cosas,
se realizarán cumbres y congresos,
se firmarán muchos manifiestos
y no se hará nada,
este mundo volverá a ser
el desastre de siempre,
con sus desigualdades,
sus hambres e injusticias,
sus irresponsabilidades,
con su hábito de hacerse la vista gorda
ante tantas situaciones injustas,
ante tantas situaciones
que necesitan corregirse de una vez.

LAS URRACAS

Las urracas se fueron,
tal vez se fueron ayer
o quizá partieron hoy,
no me di cuenta,
temprano se fueron
porque ya no escucho
sus gritos, tal vez sus quejas
y sus reclamos, los ruidos
con que me querían dar a entender
que sabían de mi presencia,
el bullicio que tanto hacían
y que me acompañó
por más o menos dos meses.
Ya no están. Abandonaron
el inmenso nido
que se tardaron
más o menos un mes en hacer,
qué nido más grande,
qué nido más sólido
que ni los fuertes vientos
ni la lluvia pudieron destruir.
Allí criaron tres,
tal vez cuatro polluelos
y cuando ya estaban grandes
y podían volar se fueron,

algún reloj les decía
que era hora de irse,
que su estadía aquí en el jardín
era temporal, aunque se sintieran dueños
y me dieran a entender que el intruso era yo,
que el invasor de su casa era yo.
La familia se fue a buscar vida
en otro lado, ahora a los hijos
les espera una vida de aprender
y a los padres una vida de paciencia,
de trabajo, de cuido,
hasta que crezcan y ya no necesiten ayuda.

EL FIN DE LOS MEDIOS

El fin y los medios,
dos palabras en las que han
pensado y reflexionado
(uno espera) príncipes
y reyes, generales y coroneles,
zares y emperadores.
Tal vez por el fin se disculpa
todo tipo de acciones
de políticas que a veces
no están bien
ni se ven bien.
Pero la gente ilusa
hace muchas veces
la vista gorda
y el tirano cuenta con esta actitud.
El fin, sí, el fin,
¿cuándo veremos el fin?
¿Cuándo lo veremos
sin que sea una traición,
sin que otra vez queden
olvidadas las promesas
y las buenas intenciones
que creíamos que había
en el líder?
Más que hablar del fin y el medio
hay que hablar del fin y el miedo.

SPECK

"Con delirio metódico medir quiere el reloj
el inconmensurable tiempo incoercible..."
　　　　　　　　　Luis Cardoza y Aragón

¿Para qué obsesionarnos
con la muerte o con el tiempo?
El gato no piensa en ellos,
la hormiga no piensa en ellos,
la araña no piensa en ellos.

Mejor obsesionémonos
con la flor humilde
que al principio pasa
desapercibida pero que al fijarnos
en ella crece la belleza
de sus majestuosos colores:
entre rojo encendido
y anaranjado rojizo,
colores que vienen de la luz,
del aire, del agua
o de la tierra negra,
o tal vez de la soledad
en que la planta vive.
Mejor obsesionémonos
con la luz de esta mañana,
luz que ha viajado

ocho minutos
y veinte segundos
desde que salió del sol
hasta llegar aquí,
hasta topar aquí,
hasta descansar aquí
de esa carrera vertiginosa.
Mejor obsesionémonos
con el espejo que paciente
espera que alguien pase
para hacer algo, para decirle algo,
para salir del aburrimiento,
para informar a la espeja
que ha hecho algo durante el día,
que no ha perdido
el tiempo,
aunque sólo
haya sido charlar
con la luz,
con un gato
una hormiga,
una araña
o una flor.

PEOPLE ARE WEIRD

People are weird,
Don't you think?
For example, there are guys
Who refuse to mask up
In public places
Because they are afraid
Other people will not see
Them when they are smiling,
But the fact is nobody has seen
These people smiling ever before.

How about the guy
Who organized a party
For 200 people
When in the past
he never had any friends over?
He was certainly glad to go
To his friends' places
But he did not invite them over.
Crazy people.

How about people
Who wish they
could travel abroad,
perhaps go to several countries,
When they never left
The country before?
People are crazy.

ÍNDICE

Un lirio	7
Explicando, entendiendo	9
Primavera en Saskatchewan	11
Las montañas de mi país	13
Botín y pillaje	14
Escaparse	16
Nubes negras	17
Cuando anochece	18
Sentada allí	20
Muerte temprana e injusta	21
El virus no lo trajeron las nubes	24
La voz de la luna	25
El gato reposa	27
No habrá muerte	28

Días de lluvia	30
Recuerdos	31
Palabras, palabras	33
Tímidamente abuelo	35
Toronto	37
Instante	39
Pandemia I	41
Confinamiento	43
Perdido	45
Los días que vendrán	48
Luna de Saturno	49
Peste	52
Las urracas	54
El fin y los medios	56
Speck	57
People are weird	59

www.ingramcontent.com/pod-product-compliance
Lightning Source LLC
Chambersburg PA
CBHW030139100526
44592CB00011B/957